17
- 【セヴン**ティーン**】seventeen
- 【ディ セット】dix-sept
- 【ディエスィ**スィエテ**】diecisiete
- 【シー チー】十七
- 【シプ チル】십칠

18
- 【エイ**ティーン**】eighteen
- 【ディズ イット】dix-huit
- 【ディエスィ**オチョ**】dieciocho
- 【シー バー】十八
- 【シプ パル】십팔

19
- 【ナイン**ティーン**】nineteen
- 【ディズ ヌフ】dix-neuf
- 【ディ 】die…
- 【シ…】十…
- 【シ…】십…

20
- 【トゥ**ウェ**ンティ】twenty
- 【ヴァン】vingt
- 【**ベ**インテ】…

30
- 【**サ**ーティ】thirty
- 【トラント】trente
- 【トゥ**レ**インタ】treinta
- 【サン シー】三十
- 【サム シッ】삼십

40
- 【**フォ**ーティ】forty
- 【キャラント】quarante
- 【クワ**レ**ンタ】cuarenta
- 【スー シー】四十
- 【サ シッ】사십

50
- 【**フィ**フティ】fifty
- 【サンカント】cinquante
- 【スィン**ク**エンタ】cincuenta
- 【ウー シー】五十
- 【オ シッ】오십

60
- 【**シ**クスティ】sixty
- 【スワサント】soixante
- 【セ**セ**ンタ】sesenta
- 【リウ シー】六十
- 【ユッ シッ】육십

70
- 【**セ**ヴンティ】seventy
- 【スワサント ディス】soixante-dix
- 【セ**テ**ンタ】setenta
- 【チー シー】七十
- 【チル シッ】칠십

80
- 【**エ**イティ】eighty
- 【キャトル ヴァン 】quatre-vingts
- 【オ**チェ**ンタ】ochenta
- 【バー シー】八十
- 【パル シッ】팔십

90
- 【**ナ**インティ】ninety
- 【キャトル ヴァン ディス】quatre-vingt-dix
- 【ノ**ベ**ンタ】noventa
- 【ジウ シー】九十
- 【ク シッ】구십

100
- 【**ハ**ンドゥレド】hundred
- 【サン】cent
- 【**スィエ**ン】cien
- 【バイ】百
- 【ペッ】백

1000
- 【**サ**ウザンド】thousand
- 【ミル】mille
- 【ミル】mil
- 【チエン】千
- 【チョン】천

10000
- 【テン **サ**ウザンド】ten thousand
- 【ディ ミル】dix mille
- 【ディエス ミル】diez mil
- 【ワン】万
- 【マン】만

0
- 【**ズィ**ロウ】zero
- 【ゼロ】zero
- 【**セ**ロ】cero
- 【リン】零
- 【ヨン】영

1 番目
- 【**ファ**ースト】first
- 【プルミエ / プルミエール】premier / première
- 【プリ**メ**ロ】primero
- 【ディー イー】第一
- 【チョッ チェ】첫째

2 番目
- 【**セ**カンド】second
- 【ドゥズイエム】deuxième
- 【セ**グ**ンド】segundo
- 【ディー アル】第二
- 【トゥルッ チェ】둘째

3 番目
- 【**サ**ード】third
- 【トロワズイエム】troisième
- 【テル**セ**ロ】tercero
- 【ディー サン】第三
- 【セッ チェ】셋째

「買い物」の 場面で使うことば

買う

🇬🇧	【バイ】 buy
🇫🇷	【アシュテ】 acheter
🇪🇸	【コンプラル】 comprar
🇨🇳	【マイ】 买
🇰🇷	【サダ】 사다

飲む

🇬🇧	【ドゥリンク】 drink
🇫🇷	【ボワール】 boire
🇪🇸	【ベベル】 beber
🇨🇳	【ホー】 喝
🇰🇷	【マシダ】 마시다

食べる

🇬🇧	【イート】 eat
🇫🇷	【マンジェ】 manger
🇪🇸	【コメル】 comer
🇨🇳	【チー】 吃
🇰🇷	【モクタ】 먹다

良い

🇬🇧	【グッド】 good
🇫🇷	【ビァン】 bien
🇪🇸	【ブエノ / ブエナ】 bueno / buena
🇨🇳	【ハオ】 好
🇰🇷	【チョタ】 좋다

お腹がすいた

🇬🇧	【ハングリィ】 hungry
🇫🇷	【ファン】 faim
🇪🇸	【アンブリエント / アンブリエンタ】 hambriento / hambrienta
🇨🇳	【オー】 饿
🇰🇷	【ペゴプダ】 배고프다

きれい

🇬🇧	【ビューティフル】 beautiful
🇫🇷	【ボー / ベル】 beau/belle
🇪🇸	【エルモソ / エルモサ】 hermoso/hermosa
🇨🇳	【メイリー】 美丽
🇰🇷	【アルムダプタ】 아름답다

大きい

🇬🇧	【ビッグ】 big
🇫🇷	【グラン / グランド】 grand/grande
🇪🇸	【グランデ】 grande
🇨🇳	【ダー】 大
🇰🇷	【クダ】 크다

小さい

🇬🇧	【スモール】 small
🇫🇷	【プティ / プティットゥ】 petit/petite
🇪🇸	【ペケニョ / ペケニャ】 pequeño/pequeña
🇨🇳	【シアオ】 小
🇰🇷	【チャクタ】 작다

長い

🇬🇧	【ロング】 long
🇫🇷	【ロン / ロング】 long/longue
🇪🇸	【ラルゴ / ラルガ】 largo/larga
🇨🇳	【チャン】 长
🇰🇷	【キルダ】 길다

短い

🇬🇧	【ショート】 short
🇫🇷	【クール / クルト】 court/courte
🇪🇸	【コルト / コルタ】 corto/corta
🇨🇳	【ドワン】 短
🇰🇷	【チャルッタ】 짧다

新しい

🇬🇧	【ニュー】 new
🇫🇷	【ヌウヴォー / ヌーヴェル】 nouveau/nouvelle
🇪🇸	【ヌエボ / ヌエバ】 nuevo/nueva
🇨🇳	【シン】 新
🇰🇷	【セロプタ】 새롭다

古い

🇬🇧	【オウルド】 old
🇫🇷	【ヴィヴー / ヴィエイユ】 vieux/vieille
🇪🇸	【ビエホ / ビエハ】 viejo/vieja
🇨🇳	【ジウ】 旧
🇰🇷	【ナクッタ】 낡다

苦い

🇬🇧	【ビタァ】 bitter
🇫🇷	【アメール / アメール】 amer/amère
🇪🇸	【アマルゴ / アマルガ】 amargo/amarga
🇨🇳	【クー】 苦
🇰🇷	【ッスダ】 쓰다

塩からい

🇬🇧	【ソルティ】 salty
🇫🇷	【サレ / サレ】 salé/salée
🇪🇸	【サラド / サラダ】 salado/salada
🇨🇳	【シエン】 咸
🇰🇷	【ッチャダ】 짜다

やわらかい

🇬🇧	【ソフト】 soft
🇫🇷	【ムー / ムール】 mou/molle
🇪🇸	【スアベ】 suave
🇨🇳	【ルワン】 软
🇰🇷	【ブドゥロプタ】 부드럽다

すっぱい

🇬🇧	【サゥァ】 sour
🇫🇷	【アスィード】 acide
🇪🇸	【アグリオ / アグリア】 agrio/agria
🇨🇳	【スワン】 酸
🇰🇷	【シダ】 시다

あまい

🇬🇧	【スウィート】 sweet
🇫🇷	【ドゥー / ドゥース】 doux/douce
🇪🇸	【ドゥルセ】 dulce
🇨🇳	【ティエン】 甜
🇰🇷	【タルダ】 달다

フランス語とスペイン語には、つく言葉によってちがう言い方になる単語があります。

5か国語で
おもてなし
買い物・食べ物編

理論社

もし、あなたが外国に行ったときに、その国の人から日本語で話しかけられたら、きっとうれしくなると思いませんか？

このシリーズでは、くらしのいろいろなシーンをイラストにして、そこに出てくることばを、英語・フランス語・スペイン語・中国語・韓国語の5か国語でしょうかいしています。そしてこの巻では、買い物や食べ物に関することばを集めました。

ぜひ、日本に来た外国の人に、その人の国のことばで話しかけてあげてください。単語だけでもじゅうぶん、コミュニケーションはできますし、"おもてなし"にもなりますよ！

★ この本の見かた

イラストに、日本語と番号をしるしています。

いろいろな買い物や食べ物のシーンの中からことばを集めました。

このシーンはコンビニです。よく見るものがたくさん出てきます。

買い物のシーンに出てくることばを、5か国語でしょうかいしています。

それぞれの言語のつづりと発音のしかたを、国旗とともにしょうかいしています。

次のページ

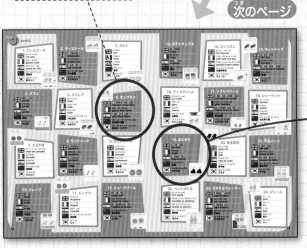

（英語）

（フランス語）

（スペイン語）

（中国語）

（韓国語）

19. おにぎり

【ライス ボール】
rice ball

【オニギリ】
onigiri

【ボラ デ アロス】
bola de arroz

【ファン トワン】
饭团

【サム ガク キム パブ】
삼각김밥

最も強く読む音（アクセント）は色を変えています。

3

5 パン屋さん

1 お店（みせ）

4 八百屋さん（やおや）

11 くつ屋さん（や）

2 肉屋さん（にくや）

3 魚屋さん（さかなや）

6 花屋さん（はなや）

8 クリーニング屋さん（や）

9 ケーキ屋さん（や）

7 本屋さん（ほんや）

10 おもちゃ屋さん（や）

4

12 酒屋さん

13 自転車屋さん

18 時計屋さん

19 写真屋さん

14 洋服屋さん

16 電器屋さん

15 文房具屋さん

17 楽器屋さん

20 メガネ屋さん

22 和菓子屋さん

21 くだもの屋さん

23 手芸用品屋さん

24 かばん屋さん

25 呉服屋さん

26 雑貨屋さん

44 カラオケ屋さん

46 不動産屋さん

48 アーケード

27 スポーツ用品屋さん

31 美容院
29 弁当屋さん
32 コンビニ

41 お客さん

33 スーパーマーケット

34 薬局

6 28 はんこ屋さん

35 中華料理屋さん

【シーン】2 商店街❷

39 風船

30 ふとん屋さん

43 ピザ屋さん

36 レストラン

45 ネイルサロン

42 100円ショップ

47 新聞屋さん

40 かんばん

38 ハンバーガーショップ

37 カフェ

商店街❶

1. お店

🇬🇧	【ショップ】	shop
🇫🇷	【ブティーク】	boutique
🇪🇸	【ティエンダ】	tienda
🇨🇳	【シャン ディエン】	商店
🇰🇷	【カ ゲ】	가게

2. 肉屋さん

🇬🇧	【ブチャ ショップ】	butcher shop
🇫🇷	【ブシェリー】	boucherie
🇪🇸	【カルニセリア】	carnicería
🇨🇳	【ロウ ディエン】	肉店
🇰🇷	【チョン ユク チョム】	정육점

3. 魚屋さん

🇬🇧	【フィッシモンガァ】	fishmonger
🇫🇷	【プワソヌリー】	poissonnerie
🇪🇸	【ペスカデリア】	pescadería
🇨🇳	【ユー ディエン】	鱼店
🇰🇷	【セン ソン カゲ】	생선 가게

4. 八百屋さん

🇬🇧	【グリーングロウサァ】	greengrocer
🇫🇷	【プリミュール】	primeur
🇪🇸	【ベルドゥレリア】	verdulería
🇨🇳	【シュー ツァイ ディエン】	蔬菜店
🇰🇷	【ヤ チェ カゲ】	야채 가게

5. パン屋さん

🇬🇧	【ベイカリィ】	bakery
🇫🇷	【ブウロンジュリー】	boulangerie
🇪🇸	【パナデリア】	panadería
🇨🇳	【ミエン バオ ファン】	面包房
🇰🇷	【パン チブ】	빵집

6. 花屋さん

🇬🇧	【フロウリスト】	florist
🇫🇷	【フルリスト】	fleuriste
🇪🇸	【フロリスタ】	florista
🇨🇳	【ホワ ディエン】	花店
🇰🇷	【コッ チブ】	꽃집

7. 本屋さん

🇬🇧	【ブクストー】	bookstore
🇫🇷	【リブレリー】	librairie
🇪🇸	【リブレリア】	librería
🇨🇳	【シュー ディエン】	书店
🇰🇷	【チェク パン】	책방

8. クリーニング屋さん

🇬🇧	【ローンドゥリィ】	laundry
🇫🇷	【ブロンシスリー】	blanchisserie
🇪🇸	【ラバンデリア】	lavandería
🇨🇳	【シー イー ディエン】	洗衣店
🇰🇷	【セタク ソ】	세탁소

9. ケーキ屋さん

🇬🇧	【ケイク ショップ】	cake shop
🇫🇷	【パティスリー】	pâtisserie
🇪🇸	【パステレリア】	pastelería
🇨🇳	【シー ビン ウー】	西饼屋
🇰🇷	【ケイク ジョム】	케이크점

10. おもちゃ屋さん

🇬🇧	【トイ ストー】	toy store
🇫🇷	【マガザン ドゥ ジュウェ】	magasin de jouets
🇪🇸	【フゲテリア】	juguetería
🇨🇳	【ワン ジュー ディエン】	玩具店
🇰🇷	【ワング ジョム】	완구점

11. くつ屋さん

🇬🇧	【シュウ ストー】	shoe store
🇫🇷	【マガザン ドゥ ショスュール】	magasin de chaussures
🇪🇸	【サパテリア】	zapatería
🇨🇳	【シエ ディエン】	鞋店
🇰🇷	【ク ドゥッ パン】	구둣방

12. 酒屋さん

🇬🇧	【リカァ ストー】	liquor store
🇫🇷	【マガザン ダルコル】	magasin d'alcool
🇪🇸	【ティエンダ デ リコレス】	tienda de licores
🇨🇳	【ジウ ハン】	酒行
🇰🇷	【スル チブ】	술집

13. 自転車屋さん

 【バイスィクル ショップ】
bicycle shop

 【マガザン ドゥ ヴェロー】
magasin de vélos

 【ティエンダ デ ビスィクレタス】
tienda de bicicletas

【ズー シン チョー ディエン】
自行车店

【チャ ジョン ゴ バン】
자전거방

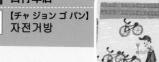

14. 洋服屋さん

 【クロウズ ストー】
clothes store

 【マガザン ドゥ ヴェトマン】
magasin de vêtements

 【ティエンダ デ ロパ】
tienda de ropa

 【フー ジュワン ディエン】
服装店

 【オッ カゲ】
옷 가게

15. 文房具屋さん

 【ステイショナリィ ショップ】
stationery shop

 【パペトリー】
papeterie

 【パペレリア】
papelería

 【ウェン ジュー ディエン】
文具店

 【ムング ジョム】
문구점

16. 電器屋さん

 【イレクトゥロニクス ストー】
electronics store

 【マガザン デレクトロニーク】
magasin d'électronique

 【ティエンダ デ エレクトゥロニカ】
tienda de electrónica

 【ディエン チー ディエン】
电器店

 【チョン パ サン】
전파상

17. 楽器屋さん

【ミューズィク ストー】
music store

【マガザン ドゥ ミュズィーク】
magasin de musique

【ティエンダ デ ムスィカ】
tienda de música

 【ユエ チー ディエン】
乐器店

 【アクキ チョム】
악기점

18. 時計屋さん

 【クロック ショップ】
clock shop

 【オルロジュリー】
horlogerie

 【ティエンダ デ レロヘス】
tienda de relojes

 【ジョン ビアオ ディエン】
钟表店

【シゲ バン】
시계방

19. 写真屋さん

 【フォト ステューディオウ】
photo studio

 【ステュディオ ドゥ フォトグラフィ】
studio de photographie

 【エストゥディオ フォトグラフィコ】
estudio fotográfico

 【ジャオ シアン グワン】
照相馆

【サ ジン グァン】
사진관

20. メガネ屋さん

 【グラスィズ ショップ】
glasses shop

 【オプティスィアン】
opticien

 【ティエンダ デ ガファス】
tienda de gafas

 【イエン ジン ディエン】
眼镜店

 【アン ギョン ウォン】
안경원

21. くだもの屋さん

 【フルート ショップ】
fruit shop

 【プリミュール】
primeur

 【フルテリア】
frutería

 【シュイ グオ ディエン】
水果店

 【クァイル カゲ】
과일 가게

22. 和菓子屋さん

 【ジャパニーズ コンフェクショネリィ ストー】
Japanese confectionery store

 【パティスリー ジャポネズ】
pâtisserie japonaise

 【ティエンダ デ ドゥルセス ハポネセス】
tienda de dulces japoneses

【リー ベン ティエン ピン ディエン】
日本甜品店

【ファ クァ ジャ チョム】
화과자점

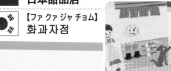

23. 手芸用品屋さん

 【クラフト ストー】
craft store

 【メルスリー】
mercerie

 【ティエンダ デ アルテサニアス】
tienda de artesanías

【ゴン イー ピン シャン ディエン】
工艺品商店

 【スィ エ ヨン ブム チョム】
수예 용품점

24. かばん屋さん

 【バッグ ショップ】
bag shop

 【マロキヌリー】
maroquinerie

【ティエンダ デ ボルソス】
tienda de bolsos

 【シアン バオ ディエン】
箱包店

 【カ バン カゲ】
가방 가게

25. 呉服屋さん

- 【キモウノ ファブリクス ショップ】 kimono fabrics shop
- 【ブウティーク ドゥ キモノ】 boutique de kimono
- 【ティエンダ デ キモノ】 tienda de kimono
- 【ホー フー ディエン】 和服店
- 【ポ モク チョン】 포목전

26. 雑貨屋さん

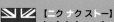

- 【ニ ク ナ ク ストー】 knick knack store
- 【マガザン ジェネラル】 magasin général
- 【ティエンダ ヘネラル】 tienda general
- 【ザー フォ ディエン】 雑貨店
- 【チャ パァ ジョム】 잡화점

27. スポーツ用品屋さん

- 【スポーツ ストー】 sports store
- 【マガザン ドゥ スポール】 magasin de sport
- 【ティエンダ デ デポルテス】 tienda de deportes
- 【ティー ユー ヨン ピン ディエン】 体育用品店
- 【スポチュ ヨンプム チョム】 스포츠 용품점

28. はんこ屋さん

- 【スタンプ ショップ】 stamp shop
- 【マガザン ドゥ ファブリカション ドゥ ソー】 magasin de fabrication de sceaux
- 【ティエンダ デ セイヨス】 tienda de sellos
- 【コー ジャン ディエン】 刻章店
- 【ト ジャン パン】 도장방

29. 弁当屋さん

- 【ベントウ ショップ】 bento shop
- 【ブウティーク ドゥ ベントウ】 boutique de bento
- 【ティエンダ デ ベント】 tienda de bento
- 【ビエン ダン ディエン】 便当店
- 【ト シ ラ ク カゲ】 도시락 가게

30. ふとん屋さん

- 【ベディング ストー】 bedding store
- 【リトゥリ】 literie
- 【ティエンダ デ ロパ デ カマ】 tienda de ropa de cama
- 【チュワン シャン ヨン ピン ディエン】 床上用品店
- 【イ ブル カゲ】 이불 가게

31. 美容院

- 【ビューティ サロン】 beauty salon
- 【サロン ドゥ コワフール】 salon de coiffure
- 【サロン デ ベイェサ】 salón de belleza
- 【メイ ロン シャー ロン】 美容沙龙
- 【ミ ヨン シル】 미용실

32. コンビニ

- 【コンヴィーニェンス ストー】 convenience store
- 【スュペレットゥ】 supérette
- 【ティエンダ】 tienda
- 【ビエン リー ディエン】 便利店
- 【ピョ ニ ジョム】 편의점

33. スーパーマーケット

- 【スーパマーケト】 supermarket
- 【スュペルマルシェ】 supermarché
- 【スペルメルカド】 supermercado
- 【チャオ シー】 超市
- 【シュ ポ マケッ】 슈퍼마켓

34. 薬局

- 【ファーマスィ】 pharmacy
- 【ファルマスィー】 pharmacie
- 【ファルマスィア】 farmacia
- 【ヤオ ファン】 药房
- 【ヤッ クク】 약국

35. 中華料理屋さん

- 【チャイニーズ レストラント】 Chinese restaurant
- 【レストラン シヌワ】 restaurant chinois
- 【レスタウランテ チノ】 restaurante chino
- 【ジョン ツァン ティン】 中餐厅
- 【チュン シクッ チプ】 중식집

36. レストラン

- 【レストラント】 restaurant
- 【レストラン】 restaurant
- 【レスタウランテ】 restaurante
- 【ツァン ティン】 餐厅
- 【レストラン】 레스토랑

37. カフェ

【キャフェイ】
cafe

【カフェ】
café

【カフェ】
café

【カー フェイ ティン】
咖啡厅

【カ ペ】
카페

38. ハンバーガーショップ

【ハンバーガァ ショップ】
hamburger shop

【レストラン ダンバーガー】
restaurant de hamburger

【アンブルゲセリア】
hamburguesería

【ハン バオ ディエン】
汉堡店

【ヘム ボ ゴ カゲ】
햄버거 가게

39. 風船

【バルーン】
balloon

【バロン】
ballon

【グロボ】
globo

【チー チウ】
气球

【プン ソン】
풍선

40. かんばん

【サインボード】
signboard

【アンセーニュ】
enseigne

【スィグノ】
signo

【グアン ガオ パイ】
广告牌

【カン パン】
간판

41. お客さん

【カスタマァ】
customer

【クリヤン】
client

【クリエンテ】
cliente

【グー コー】
顾客

【ソン ニム】
손님

42. 100円ショップ

【ワン ハンドゥレッド イェン ショップ】
100 yen shop

【マガザン ア ソン イェン】
magasin à 100 yens

【ティエンダス デ トド ア ウン ドラル】
tiendas de todo a un dólar

【バイ ユエン ディエン】
百元店

【ペ ゲン ショプ】
100 엔 숍

43. ピザ屋さん

【ピーツァ ショップ】
pizza shop

【ピザリア】
pizzeria

【ピッツェリア】
pizzería

【ビイ サー ディエン】
比萨店

【ピ ジャ チプ】
피자집

44. カラオケ屋さん

【キャリオウキ デンズ】
karaoke dens

【カラオケ】
karaoké

【カハ デ カラオケ】
caja de karaoke

【ケイ ティー ウェイ】
KTV

【ノ レ バン】
노래방

45. ネイルサロン

【ネイル サロン】
nail salon

【サロン ドゥ マニュクール】
salon de manucure

【サロン デ ウニャス】
salón de uñas

【メイ ジア シャー ロン】
美甲沙龙

【ネイル サロン】
네일 살롱

46. 不動産屋さん

【リアル イステイト オフィス】
real estate office

【アジャンス イモビリエ】
agence immobilier

【アヘンテ インモビリャリョ】
agente inmobiliario

【ファン ディー チャン ジョン ジエ】
房地产中介

【ボクトク バン】
복덕방

47. 新聞屋さん

【ニューズエイジェンツ ショップ】
newsagent's shop

【アジャンス ドゥ ディストゥリビュスィオン デ ジョルノー】
agence de distribution des journaux

【ティエンダ デ ペリオディコス】
tienda de periódicos

【バオ ティン】
报亭

【シン ムン カゲ】
신문 가게

48. アーケード

【アーケイド】
arcade

【アルカード】
arcades

【アルカダ】
arcada

【ゴン ラン】
拱廊

【アケイドゥ】
아케이드

【シーン】**3** **コンビニ**

19 おにぎり

20 まき寿司

8 サンドイッチ

15 ホットドッグ

28 弁当

29 サラダ

37 肉まん

35 焼き鳥

43 電子レンジ

48 鶏のから揚げ

46 店員

13 ポテトチップス

30 カップめん

47 制服

45 コーヒー

36 おでん

1 ロールケーキ

2 チーズケーキ

12 シュークリーム

6 モンブラン

11 ドーナツ

7 どらやき

ATM

42 ATM

12

26 ヨーグルト

22 ペットボトル

27 お茶

25 サイダー

24 ジュース

23 ミネラルウォーター

31 冷凍食品

21 牛乳パック

33 歯ブラシ

39 ばんそうこう

38 薬品

32 雑誌

44 マンガ本

34 紙コップ

41 新聞

40 ハンドタオル

3 タルト

5 エクレア

9 ホットケーキ

14 コッペパン

16 アイスクリーム

18 シャーベット

10 クレープ

17 ソフトクリーム

4 パフェ

13

1. ロールケーキ

🇬🇧	【ロール ケイク】	roll cake
🇫🇷	【ガトー ルウレ】	gâteau roulé
🇪🇸	【パステル デ ロヨ】	pastel de rollo
🇨🇳	【ダン ガオ ジュエン】	蛋糕巻
🇰🇷	【ロル ケイク】	롤케이크

2. チーズケーキ

🇬🇧	【チーズ ケイク】	cheesecake
🇫🇷	【チーズ ケイク】	cheese-cake
🇪🇸	【パイ デ ケソ】	pay de queso
🇨🇳	【ジー シー ダン ガオ】	芝士蛋糕
🇰🇷	【チ ジュ ケイク】	치즈케이크

3. タルト

🇬🇧	【タルト】	tart
🇫🇷	【タルト】	tarte
🇪🇸	【タルタ】	tarta
🇨🇳	【ダン ター】	蛋挞
🇰🇷	【タル トゥ】	타르트

4. パフェ

🇬🇧	【パーフェイ】	parfait
🇫🇷	【パルフェ】	parfait
🇪🇸	【パルフェ】	parfait
🇨🇳	【バー フェイ】	芭菲
🇰🇷	【パル ペ】	파르페

5. エクレア

🇬🇧	【エイクレア】	eclair
🇫🇷	【エクレール】	éclair
🇪🇸	【エクレル】	eclair
🇨🇳	【シャン ディエン パオ フー】	闪电泡芙
🇰🇷	【エ クル レル】	에클레르

6. モンブラン

🇬🇧	【チェスナト クリーム ケイク】	chestnut cream cake
🇫🇷	【ガトー モン ブラン】	gâteau Mont Blanc
🇪🇸	【タルタ モン ブランク】	tarta Mont Blanc
🇨🇳	【ファー シー リー ズー ダン ガオ】	法式栗子蛋糕
🇰🇷	【モン ブル ラン (ティ ジョ トゥ)】	몽블랑 (디저트)

7. どらやき

🇬🇧	【ビーン ジャム パンケイク】	bean-jam pancake
🇫🇷	【ドラヤキ】	dorayaki
🇪🇸	【ドラヤキ】	dorayaki
🇨🇳	【トン ルオ シャオ】	铜锣烧
🇰🇷	【ト ラ ヤキ】	도라야키

8. サンドイッチ

🇬🇧	【サンウィジ】	sandwich
🇫🇷	【サンドウィーチ】	sandwich
🇪🇸	【サンウィチ】	sándwich
🇨🇳	【サン ミン ジー】	三明治
🇰🇷	【セン ドゥ ウィ チ】	샌드위치

9. ホットケーキ

🇬🇧	【パンケイク】	pancake
🇫🇷	【パンケイク】	pancake
🇪🇸	【パンケケ】	panqueque
🇨🇳	【ロー ダン ガオ】	热蛋糕
🇰🇷	【ハッ ケイク】	핫케이크

10. クレープ

🇬🇧	【クレプ】	crepe
🇫🇷	【クレプ】	crêpe
🇪🇸	【クレペ】	crepe
🇨🇳	【コー リー ビン】	可丽饼
🇰🇷	【ク レイプ】	크레이프

11. ドーナツ

🇬🇧	【ドウナト】	doughnut
🇫🇷	【ベーニエ】	beignet
🇪🇸	【ロスキィヤ】	rosquilla
🇨🇳	【ティエン ティエン チュエン】	甜甜圈
🇰🇷	【ト ノッ】	도넛

12. シュークリーム

🇬🇧	【クリーム パフ】	cream puff
🇫🇷	【シュ ア ラ クレム】	chou à la crème
🇪🇸	【オ ハルドゥレ デ クレマ】	hojaldre de crema
🇨🇳	【ナイ ヨウ パオ フー】	奶油泡芙
🇰🇷	【シュ ク リム】	슈크림

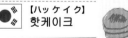

13. ポテトチップス

🇬🇧	【クリスプス】 crisps
🇫🇷	【チップス】 chips
🇪🇸	【クルヒエンテ】 crujiente
🇨🇳	【シュー ピエン】 薯片
🇰🇷	【カム ジャ チブ】 감자칩

14. コッペパン

🇬🇧	【ホット ドッグ バン】 hot dog bun
🇫🇷	【プティ パン オット ドッグ】 petit pain hot-dog
🇪🇸	【パネスィリョ デ ペロ カリエンテ】 panecillo de perro caliente
🇨🇳	【ファンチュイ シン ミエン バオ】 纺锤形面包
🇰🇷	【ハッド グ ボン】 핫도그번

15. ホットドッグ

🇬🇧	【ホット ドッグ】 hot dog
🇫🇷	【オット ドッグ】 hot-dog
🇪🇸	【パン デ ペロ カリエンテ】 pan de perro caliente
🇨🇳	【ロー ゴウ】 热狗
🇰🇷	【ハッド グ】 핫도그

16. アイスクリーム

🇬🇧	【アイス クリーム】 ice cream
🇫🇷	【グラース】 glace
🇪🇸	【エラド】 helado
🇨🇳	【ビン ジー リン】 冰激凌
🇰🇷	【アイスクリム】 아이스크림

17. ソフトクリーム

🇬🇧	【ソフト サーヴ アイス クリーム】 soft-serve ice cream
🇫🇷	【グラース イタリエンヌ】 glace italienne
🇪🇸	【エラド デ セルビル スワベ】 helado de servir suave
🇨🇳	【ルワン ビン ジー リン】 软冰激凌
🇰🇷	【ソフトゥアイスクリム】 소프트아이스크림

18. シャーベット

🇬🇧	【シャーベト】 sherbet
🇫🇷	【ソルベ】 sorbet
🇪🇸	【ソルベテ】 sorbete
🇨🇳	【ビン ドン グオ ズー ルー】 冰冻果子露
🇰🇷	【ショ ボッ】 셔벗

19. おにぎり

🇬🇧	【ライス ボール】 rice ball
🇫🇷	【オニギリ】 onigiri
🇪🇸	【ボラ デ アロス】 bola de arroz
🇨🇳	【ファン トワン】 饭团
🇰🇷	【サム ガク キム バプ】 삼각김밥

20. まき寿司

🇬🇧	【スシ ロウル】 sushi roll
🇫🇷	【マキ】 maki
🇪🇸	【ロヨ デ スシ】 rollo de sushi
🇨🇳	【ショウ スー ジュエン】 寿司卷
🇰🇷	【キム チョ バプ】 김초밥

21. 牛乳パック

🇬🇧	【ミルク パック】 milk pack
🇫🇷	【ブリック ドゥ レ】 brique de lait
🇪🇸	【パクテ デ レチェ】 paquete de leche
🇨🇳	【ホー ジュアン ニウ ナイ】 盒装牛奶
🇰🇷	【ウ ユッ カプ】 우유갑

22. ペットボトル

🇬🇧	【ペット ボトゥル】 PET bottle
🇫🇷	【ブゥテーユ アン プラスティーク】 bouteille en plastique
🇪🇸	【ボテヤ デ プラスティコ】 botella de plástico
🇨🇳	【スー ジアオ ピン】 塑胶瓶
🇰🇷	【ペトゥッ ピョン】 페트병

23. ミネラルウォーター

🇬🇧	【ミネラル ウォータァ】 mineral water
🇫🇷	【オー ミネラール】 eau minérale
🇪🇸	【アグワ ミネラル】 agua mineral
🇨🇳	【クアン チュエン シュイ】 矿泉水
🇰🇷	【ミネラル ウォト】 미네랄워터

24. ジュース

🇬🇧	【ジュース】 juice
🇫🇷	【ジュー】 jus
🇪🇸	【フゴ】 jugo
🇨🇳	【グオ ジー】 果汁
🇰🇷	【ジュス】 주스

25. サイダー

🇬🇧	【ソウダ ポップ】	soda pop
🇫🇷	【ソダ】	soda
🇪🇸	【レフレスコ】	refresco
🇨🇳	【チー シュイ】	汽水
🇰🇷	【サイダ】	사이다

26. ヨーグルト

🇬🇧	【ヨウガト】	yoghourt
🇫🇷	【ヤウール】	yaourt
🇪🇸	【ヨグル】	yogur
🇨🇳	【スワン ナイ】	酸奶
🇰🇷	【ヨグルトゥ】	요구르트

27. お茶

🇬🇧	【グリーン ティー】	green tea
🇫🇷	【テ ヴェール】	thé vert
🇪🇸	【テ ベルデ】	té verde
🇨🇳	【リュー チャー】	绿茶
🇰🇷	【ノク チャ】	녹차

28. 弁当

🇬🇧	【ベントウ】	bento
🇫🇷	【ボワート ア ルパ】	boîtes à repas
🇪🇸	【カハ デ アルムエルソ】	caja de almuerzo
🇨🇳	【ホー ファン】	盒饭
🇰🇷	【ト シ ラク】	도시락

29. サラダ

🇬🇧	【サラド】	salad
🇫🇷	【サラード】	salade
🇪🇸	【エンサラダ】	ensalada
🇨🇳	【シャー ラー】	沙拉
🇰🇷	【セル ロ ドゥ】	샐러드

30. カップ麺

🇬🇧	【カップ ヌードゥル】	cup noodle
🇫🇷	【ヌイユ アンスタンタネ アン ボル】	nouilles instantanées en bol
🇪🇸	【フィデオス インスタンタネオス】	fideos instantáneos
🇨🇳	【ベイ ジュアン ファン ビエン ミエン】	杯装方便面
🇰🇷	【コム ラ ミョン】	컵라면

31. 冷凍食品

🇬🇧	【フロウズン フード】	frozen food
🇫🇷	【アリマン シュージュレ】	aliments surgelés
🇪🇸	【コミダ コンヘラダ】	comida congelada
🇨🇳	【ロンドン シー ピン】	冷冻食品
🇰🇷	【ネン ドン シク ブム】	냉동식품

32. 雑誌

🇬🇧	【マガズィーン】	magazine
🇫🇷	【マガジン】	magazine
🇪🇸	【レビスタ】	revista
🇨🇳	【ザー ジー】	杂志
🇰🇷	【チャプ ッチ】	잡지

33. 歯ブラシ

🇬🇧	【トゥースブラシ】	toothbrush
🇫🇷	【ブロス ア ダン】	brosse à dents
🇪🇸	【セピヨ デ ディエンテス】	cepillo de dientes
🇨🇳	【ヤー シュワ】	牙刷
🇰🇷	【チッ ソル】	칫솔

34. 紙コップ

🇬🇧	【ペイパァ カップ】	paper cup
🇫🇷	【ゴブレ アン パピエ】	gobelet en papier
🇪🇸	【バソ デ パペル】	vaso de papel
🇨🇳	【ジー ベイ】	纸杯
🇰🇷	【チョン イ コプ】	종이컵

35. 焼き鳥

🇬🇧	【ヤキトーリ】	yakitori
🇫🇷	【ヤキトリ】	yakitori
🇪🇸	【ヤキトリ】	yakitori
🇨🇳	【カオ ジー ロウ チュワン】	烤鸡肉串
🇰🇷	【ヤキ ド リ】	야키도리

36. おでん

🇬🇧	【オウデン】	oden
🇫🇷	【オデン】	oden
🇪🇸	【オデン】	oden
🇨🇳	【グワン ドン ジュー】	关东煮
🇰🇷	【オデン】	오뎅

37. 肉まん

- 【ミート バン】 meat bun
- 【ブリオッシュ ア ラ ヴァプール シノワーズ】 brioche à la vapeur chinoise
- 【ボヨ デ カルネ】 bollo de carne
- 【ロウ バオ ズー】 肉包子
- 【コギ チン バン】 고기 찐빵

38. 薬品

- 【メディスン】 medicine
- 【プロデュイ メディコー】 produits medicaux
- 【メディスィナ】 medicina
- 【ヤオ ピン】 药品
- 【ヤクプム】 약품

39. ばんそうこう

- 【スティキング プラースタァ】 sticking plaster
- 【パンスモン】 pansement
- 【アポスィト アデスィボ】 apósito adhesivo
- 【チュアン コー ティエ】 创可贴
- 【バン チャン ゴ】 반창고

40. ハンドタオル

- 【ハンド タウエル】 hand towel
- 【エシュイ マン】 essuie-main
- 【トアヤ デ マノ】 toalla de mano
- 【ツァー ショウ ジン】 擦手巾
- 【ヘン ドゥタ オル】 핸드 타월

41. 新聞

- 【ニューズペイパァ】 newspaper
- 【ジュルナル】 journal
- 【ペリオディコ】 periódico
- 【バオ ジー】 报纸
- 【シン ムン】 신문

42. ATM

- 【エイ ティー エム】 ATM
- 【ディストリビュトゥール ドゥ ビイエ】 distributeur de billets
- 【カヘロ アウトマティコ】 cajero automático
- 【ズー ドン チュー クワン ジー】 自动取款机
- 【エイ ティ エム】 에이티엠

43. 電子レンジ

- 【マイクロウェイヴ】 microwave
- 【フール ア ミクロ オンド】 four à micro-ondes
- 【ミクロオンダス】 microondas
- 【ウェイ ボー ルー】 微波炉
- 【チョン チャ レ インジ】 전자레인지

44. マンガ本

- 【コミック ブック】 comic book
- 【マンガ】 manga
- 【マンガ】 manga
- 【マン ホワ シュー】 漫画书
- 【マ ヌァ チェク】 만화책

45. コーヒー

- 【コーフィ】 coffee
- 【カフェ】 café
- 【カフェ】 café
- 【カー フェイ】 咖啡
- 【コピ】 커피

46. 店員

- 【クラーク】 clerk
- 【ヴァンドゥール（男性）/ ヴァンドゥーズ（女性）】 vendeur/vendeuse
- 【エンプレアド（男性）/ エンプレアダ（女性）】 empleado/empleada
- 【ディエン ユエン】 店员
- 【チョ ムォン】 점원

47. 制服

- 【ユーニフォーム】 uniform
- 【ユニフォルム】 uniforme
- 【ウニフォルメ】 uniforme
- 【ジー フー】 制服
- 【チェ ボク】 제복

48. 鶏のから揚げ

- 【ディープ フライド チキン】 deep-fried chicken
- 【プウレ フリ】 poulet frit
- 【ボヨ フリト】 pollo frito
- 【リー シー ジャー ジー クワイ】 日式炸鸡块
- 【タッティ ギム】 닭튀김

【シーン】4 スーパー

37 スーパーかご

36 買い物袋

28 ギョーザ

29 焼売(シュウマイ)

31 コロッケ

25 ソーセージ

47 試食品(しょくひん)

24 ハム

1 刺し身(さしみ)

43 鶏肉(とりにく)

44 豚肉(ぶたにく)

45 牛肉(ぎゅうにく)

46 子羊の肉(こひつじ にく)

26 卵(たまご)

5 豆腐(とうふ)

22 バター

23 チーズ

9 プリン

10 ゼリー

41 トイレットペーパー

32 石けん

40 ティッシュペーパー

Sale
特売
33 シャンプー

34 洗濯洗剤(せんたくせんざい)

18

35 レジカウンター

8 せんべい　15 だんご　16 ようかん　12 ガム

13 あめ

2 食パン

14 チョコレート

3 ジャム

6 クッキー

11 キャラメル

38 はかり

7 ビスケット

42 台所用品　　19 ソース　　20 みそ　　21 塩　　27 小麦粉

17 マヨネーズ　　48 ケチャップ　　39 たな

4 缶詰　　30 米

18 しょうゆ

1. 刺し身

🇬🇧	【サシーミ】	sashimi
🇫🇷	【サシミ】	sashimi
🇪🇸	【サシミ】	sashimi
🇨🇳	【ション ユー ピエン】	生鱼片
🇰🇷	【セン ソン フェ】	생선회

2. 食パン

🇬🇧	【プレイン ロフト】	plain loft
🇫🇷	【パン ドゥ ミ】	pain de mie
🇪🇸	【パン デ モルデ】	pan de molde
🇨🇳	【ミエン バオ】	面包
🇰🇷	【シク パン】	식빵

3. ジャム

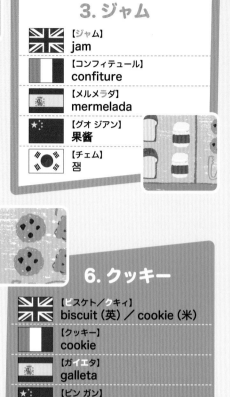

🇬🇧	【ジャム】	jam
🇫🇷	【コンフィテュール】	confiture
🇪🇸	【メルメラダ】	mermelada
🇨🇳	【グオ ジアン】	果酱
🇰🇷	【チェム】	잼

4. 缶詰

🇬🇧	【キャニング】	canning
🇫🇷	【コンセルヴ】	conserve
🇪🇸	【エンラタド】	enlatado
🇨🇳	【グワン トウ】	罐头
🇰🇷	【トン ジョ リム】	통조림

5. 豆腐

🇬🇧	【トウフー】	tofu
🇫🇷	【トーフ】	tofu
🇪🇸	【トフ】	tofu
🇨🇳	【ドウ フー】	豆腐
🇰🇷	【トゥ プ】	두부

6. クッキー

🇬🇧	【ビスケト／クッキィ】	biscuit（英）／ cookie（米）
🇫🇷	【クッキー】	cookie
🇪🇸	【ガイエタ】	galleta
🇨🇳	【ビン ガン】	饼干
🇰🇷	【クキ】	쿠키

7. ビスケット

🇬🇧	【ビスケト／クッキィ】	biscuit（英）／ cookie（米）
🇫🇷	【ビスキュイ】	biscuit
🇪🇸	【ガイエタ】	galleta
🇨🇳	【ビン ガン】	饼干
🇰🇷	【ビ スキッ】	비스킷

8. せんべい

🇬🇧	【ライス クラカァ】	rice cracker
🇫🇷	【クラケル ドゥ リ】	crackers de riz
🇪🇸	【ガイエタ デ アロス】	galleta de arroz
🇨🇳	【シエン ベイ】	仙贝
🇰🇷	【チョン ビョン クァ ジャ】	전병 과자

9. プリン

🇬🇧	【プディング】	pudding
🇫🇷	【プディング】	pudding
🇪🇸	【プディン】	pudín
🇨🇳	【ブー ディン】	布丁
🇰🇷	【プディン】	푸딩

10. ゼリー

🇬🇧	【ジェリィ】	jelly
🇫🇷	【ジュレ】	gelée
🇪🇸	【ハレア】	jalea
🇨🇳	【グオ ドン】	果冻
🇰🇷	【ジェル リ】	젤리

11. キャラメル

🇬🇧	【キャラメル】	caramel
🇫🇷	【キャラメール】	caramel
🇪🇸	【カラメロ】	caramelo
🇨🇳	【ナイ タン】	奶糖
🇰🇷	【ケ ロメル】	캐러멜

12. ガム

🇬🇧	【ガム】	gum
🇫🇷	【シューイング グム】	chewing-gum
🇪🇸	【ゴマ デ マスカル】	goma de mascar
🇨🇳	【コウ シアン タン】	口香糖
🇰🇷	【コム】	껌

新発売

13. あめ

🇬🇧	【キャンディ】	candy
🇫🇷	【ボンボン】	bonbon
🇪🇸	【カラメロ】	caramelo
🇨🇳	【タン グオ】	糖果
🇰🇷	【サ タン】	사탕

14. チョコレート

🇬🇧	【チョコレト】	chocolate
🇫🇷	【ショコラ】	chocolat
🇪🇸	【チョコラテ】	chocolate
🇨🇳	【チアオ コー リー】	巧克力
🇰🇷	【チョ コル リッ】	초콜릿

15. だんご

🇬🇧	【ジャパニーズ スウィート ライス ダンプリング】	Japanese sweet rice dumpling
🇫🇷	【ブレット ドゥ リ】	boulettes de riz
🇪🇸	【ボラ デ マサ エルビダ】	bola de masa hervida
🇨🇳	【ミートワン ズー】	米団子
🇰🇷	【キョン ダン】	경단

16. ようかん

🇬🇧	【スウィート ビーンズ ジェリィ】	sweet beans jelly
🇫🇷	【ヨーカン】	yokan
🇪🇸	【ヨカン】	yokan
🇨🇳	【ヤン ゴン】	羊羹
🇰🇷	【ヤン ゲン】	양갱

17. マヨネーズ

🇬🇧	【メイアネイズ】	mayonnaise
🇫🇷	【マヨネーズ】	mayonnaise
🇪🇸	【マヨネサ】	mayonesa
🇨🇳	【ダン ホアン ジアン】	蛋黄酱
🇰🇷	【マヨネズ】	마요네즈

18. しょうゆ

🇬🇧	【ソイ ソース】	soy sauce
🇫🇷	【ソース ソジャ】	sauce soja
🇪🇸	【サルサ デ ソヤ】	salsa de soya
🇨🇳	【ジアン ヨウ】	酱油
🇰🇷	【カン ジャン】	간장

19. ソース

🇬🇧	【ソース】	sauce
🇫🇷	【ソース】	sauce
🇪🇸	【サルサ】	salsa
🇨🇳	【シャー スー】	沙司
🇰🇷	【ソ ス】	소스

20. みそ

🇬🇧	【ミソ】	miso
🇫🇷	【ミソ】	miso
🇪🇸	【ミソ】	miso
🇨🇳	【ウェイ ツォン】	味噌
🇰🇷	【トェン ジャン】	된장

21. 塩（しお）

🇬🇧	【ソールト】	salt
🇫🇷	【セル】	sel
🇪🇸	【サル】	sal
🇨🇳	【イエン】	盐
🇰🇷	【ソ グム】	소금

22. バター

🇬🇧	【バタァ】	butter
🇫🇷	【ブール】	beurre
🇪🇸	【マンテキィヤ】	mantequilla
🇨🇳	【ホアン ヨウ】	黄油
🇰🇷	【ボト】	버터

23. チーズ

🇬🇧	【チーズ】	cheese
🇫🇷	【フロマージュ】	fromage
🇪🇸	【ケソ】	queso
🇨🇳	【ナイ ラオ】	奶酪
🇰🇷	【チ ジュ】	치즈

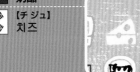

24. ハム

🇬🇧	【ハム】	ham
🇫🇷	【ジャンボン】	jambon
🇪🇸	【ハモン】	jamón
🇨🇳	【フオ トゥイ】	火腿
🇰🇷	【ヘム】	햄

25. ソーセージ

- 🇬🇧 【ソーセジ】 sausage
- 🇫🇷 【ソスィス】 saucisse
- 🇪🇸 【サルチチャ】 salchicha
- 🇨🇳 【シアン チャン】 香肠
- 🇰🇷 【ソ シ ジ】 소시지

26. 卵 (たまご)

- 🇬🇧 【エッグ】 egg
- 🇫🇷 【ウフ】 œuf
- 🇪🇸 【ウェボ】 huevo
- 🇨🇳 【ジー ダン】 鸡蛋
- 🇰🇷 【タル ギャル】 달걀

27. 小麦粉 (こむぎこ)

- 🇬🇧 【フラウア】 flour
- 🇫🇷 【ファリーヌ】 farine
- 🇪🇸 【アリナ】 harina
- 🇨🇳 【ミエン フェン】 面粉
- 🇰🇷 【ミルッ カル】 밀가루

28. ギョーザ

- 🇬🇧 【ギョーザ】 gyoza
- 🇫🇷 【ギョーザ】 gyoza
- 🇪🇸 【ギョサ】 gyoza
- 🇨🇳 【ジアオ ズー】 饺子
- 🇰🇷 【マン ドゥ】 만두

29. 焼売 (シュウマイ)

- 🇬🇧 【シューマイ】 shumai
- 🇫🇷 【ブウシェ フウレ ア ラ ヴィアンド】 bouchées fourrées à la viande
- 🇪🇸 【ラビオレス チノス】 ravioles chinos
- 🇨🇳 【シャオ マイ】 烧卖
- 🇰🇷 【シュ マイ】 슈마이

30. 米

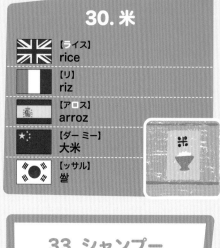

- 🇬🇧 【ライス】 rice
- 🇫🇷 【リ】 riz
- 🇪🇸 【アロス】 arroz
- 🇨🇳 【ダー ミー】 大米
- 🇰🇷 【ッサル】 쌀

31. コロッケ

- 🇬🇧 【クロウケット】 croquette
- 🇫🇷 【クロケット】 croquette
- 🇪🇸 【クロケタ】 croqueta
- 🇨🇳 【ジャー トゥー ドウ ビン】 炸土豆饼
- 🇰🇷 【ク ロ ケッ】 크로켓

32. 石けん

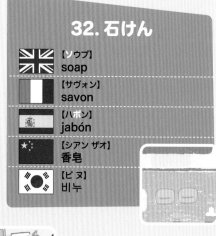

- 🇬🇧 【ソウプ】 soap
- 🇫🇷 【サヴォン】 savon
- 🇪🇸 【ハボン】 jabón
- 🇨🇳 【シアン ザオ】 香皂
- 🇰🇷 【ピ ヌ】 비누

33. シャンプー

- 🇬🇧 【シャンプー】 shampoo
- 🇫🇷 【シャンポワン】 shampoing
- 🇪🇸 【チャンプ】 champú
- 🇨🇳 【シー ファー シュイ】 洗发水
- 🇰🇷 【シャム プ】 샴푸

34. 洗濯洗剤 (せんたくせんざい)

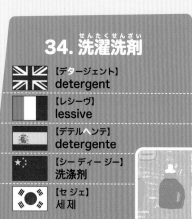

- 🇬🇧 【デタージェント】 detergent
- 🇫🇷 【レシーヴ】 lessive
- 🇪🇸 【デテルヘンテ】 detergente
- 🇨🇳 【シー ディー ジー】 洗涤剂
- 🇰🇷 【セ ジェ】 세제

35. レジカウンター

- 🇬🇧 【キャッシュ デスク】 cash desk
- 🇫🇷 【ケース】 caisse
- 🇪🇸 【カハス】 cajas
- 🇨🇳 【ショウ クワン チュー】 收款处
- 🇰🇷 【ケ サン テ】 계산대

36. 買い物袋 (かいものぶくろ)

- 🇬🇧 【ショッピング バッグ】 shopping bag
- 🇫🇷 【サック ア プロヴィジオン】 sac à provisions
- 🇪🇸 【ボルサ デ コンプラ】 bolsa de compra
- 🇨🇳 【ゴウ ウー ダイ】 购物袋
- 🇰🇷 【ショ ピン ベク】 쇼핑백

37. スーパーかご

- 🇬🇧 【ショピング バスケット】 shopping basket
- 🇫🇷 【パニエ ドゥ スュペルマルシェ】 panier de supermarché
- 🇪🇸 【セスタ デ コンプラ】 cesta de compra
- 🇨🇳 【チャオ シー ゴウ ウー ラン】 超市购物篮
- 🇰🇷 【ショ ピン バグ ニ】 쇼핑 바구니

38. はかり

- 🇬🇧 【スケイル】 scale
- 🇫🇷 【バランス】 balance
- 🇪🇸 【エスカラ】 escala
- 🇨🇳 【チョン】 秤
- 🇰🇷 【チョ ウル】 저울

39. たな

- 🇬🇧 【シェルフ】 shelf
- 🇫🇷 【エタジェール】 étagère
- 🇪🇸 【エスタンテ】 estante
- 🇨🇳 【フオ ジア】 货架
- 🇰🇷 【ソン バン】 선반

40. ティッシュペーパー

- 🇬🇧 【ティシュー ペイパァ】 tissue paper
- 🇫🇷 【ムショワール アン パピエ】 mouchoir en papier
- 🇪🇸 【パペル デ セダ】 papel de seda
- 🇨🇳 【チョウ ジー】 抽纸
- 🇰🇷 【ティ シュ】 티슈

41. トイレットペーパー

- 🇬🇧 【トイレト ペイパァ】 toilet paper
- 🇫🇷 【パピエ トワレット】 papier toilette
- 🇪🇸 【パペル イ ヒエニコ】 papel higiénico
- 🇨🇳 【ウェイ ション ジー】 卫生纸
- 🇰🇷 【ファ ジャン ジ】 화장지

42. 台所用品

- 🇬🇧 【キチンウエア】 kitchenware
- 🇫🇷 【ユスタンスィル ドゥ キュイズィーヌ】 ustensiles de cuisine
- 🇪🇸 【ウテンスィリオス デ コスィナ】 utensilios de cocina
- 🇨🇳 【チュー ファン ヨン ピン】 厨房用品
- 🇰🇷 【チュ バン ヨン プム】 주방용품

43. 鶏肉

- 🇬🇧 【チキン】 chicken
- 🇫🇷 【プウレ】 poulet
- 🇪🇸 【ポヨ】 pollo
- 🇨🇳 【ジー ロウ】 鸡肉
- 🇰🇷 【タク コ ギ】 닭고기

44. 豚肉

- 🇬🇧 【ポーク】 pork
- 🇫🇷 【ポール】 porc
- 🇪🇸 【カルネ デ セルド】 carne de cerdo
- 🇨🇳 【ジュー ロウ】 猪肉
- 🇰🇷 【トェジ ゴギ】 돼지고기

45. 牛肉

- 🇬🇧 【ビーフ】 beef
- 🇫🇷 【ブフ】 bœuf
- 🇪🇸 【カルネ デ バカ】 carne de vaca
- 🇨🇳 【ニュウ ロウ】 牛肉
- 🇰🇷 【ソ ゴギ】 소고기

46. 子羊の肉

- 🇬🇧 【ラム ミート】 lamb meat
- 🇫🇷 【アニョー】 agneau
- 🇪🇸 【カルネ デ コルデロ】 carne de cordero
- 🇨🇳 【ヤン ガオ ロウ】 羊羔肉
- 🇰🇷 【オ リン ニャン ゴギ】 어린양고기

47. 試食品

- 🇬🇧 【サンプル フード】 sample food
- 🇫🇷 【デギュスタスィオン】 dégustation
- 🇪🇸 【コミダ デ ムエストゥラ】 comida de muestra
- 🇨🇳 【シー チー ピン】 试吃品
- 🇰🇷 【シ シ ギョン】 시식용

48. ケチャップ

- 🇬🇧 【ケチャプ】 ketchup
- 🇫🇷 【ケチャップ】 ketchup
- 🇪🇸 【サルサ デ トマテ】 salsa de tomate
- 🇨🇳 【ファン チエ ジアン】 番茄酱
- 🇰🇷 【ケ チョプ】 케첩

【シーン】**5** **デパート**

半額

10 家具
12 文房具
11 電気製品

4 化粧品
5 鏡
13 花
2 案内所

23 エレベーター

B 1 2 3 4 5 6 R

14 スイーツ
15 アップルパイ

1 デパート
6 スーツ
7 着物（きもの）
21 子ども服（こどもふく）
20 紳士服（しんしふく）
24 エスカレーター
8 宝石（ほうせき）
19 婦人服（ふじんふく）
9 くつ
3 ドレス
16 精肉（せいにく）
22 惣菜（そうざい）
18 すし
17 鮮魚（せんぎょ）

25

1. デパート

	【ディパートゥメント ストー】 department store
	【グラン マガザン】 grand magasin
	【セントゥロ コメルスィアル】 centro comercial
	【バイ フォ ディエン】 百货店
	【ペッ カ ジョム】 백화점

2. 案内所

	【インフォメイション デスク】 information desk
	【ビュロー ダンフォルマスィオン】 bureau d'informations
	【モストゥラドル デ インフォルマスィオン】 mostrador de información
	【ズー シュン タイ】 咨询台
	【アンネソ】 안내소

3. ドレス

	【ドゥレス】 dress
	【ローブ】 robe
	【ベスティド】 vestido
	【ニュー リー フー】 女礼服
	【ドゥレス】 드레스

4. 化粧品

	【コズメティクス】 cosmetics
	【プロデュイ コスメティーク】 produits cosmétiques
	【コスメティコ】 cosmético
	【ホワ ジュアン ピン】 化妆品
	【ファ ジャンプム】 화장품

5. 鏡

	【ミラァ】 mirror
	【ミルワール】 miroir
	【エスペホ】 espejo
	【ジン ズー】 镜子
	【コ ウル】 거울

6. スーツ

	【スート】 suit
	【コステューム】 costume
	【トゥラヘ】 traje
	【シー フー】 西服
	【ヤン ボク】 양복

7. 着物

	【キモウノ】 kimono
	【キモノ】 kimono
	【キモノ】 kimono
	【ホー フー】 和服
	【キモノ】 기모노

8. 宝石

	【ジューエルリィ】 jewelry
	【ビジュー】 bijoux
	【ホイェリア】 joyería
	【バオ シー】 宝石
	【ポ ソク】 보석

9. くつ

	【シューズ】 shoes
	【ショスュール】 chaussures
	【サパトス】 zapatos
	【シエ】 鞋
	【ク ドゥ】 구두

10. 家具

	【ファーニチァ】 furniture
	【ムーブル】 meubles
	【ムエブレス】 muebles
	【ジア ジュー】 家具
	【カグ】 가구

11. 電気製品

	【イレクトゥリク アプライアンス】 electric appliance
	【アパレーユ エレクトゥリーク】 appareils électriques
	【プロドゥクトス エレクトゥリコス】 productos eléctricos
	【ディエン チー チャン ピン】 电器产品
	【チョン ギ ジェ プム】 전기제품

12. 文房具

	【ステイショナリィ】 stationery
	【パペトリー】 papeterie
	【パペレリア】 papelería
	【ウェン ジュー】 文具
	【ムン グ】 문구

13. 花

	【フラウア】	flower
	【フルール】	fleur
	【フロル】	flor
	【ホワ】	花
	【コッ】	꽃

14. スイーツ

	【スウィーツ】	sweets
	【パティスリー】	pâtisserie
	【ドゥルセス】	dulces
	【ティエン ディエン】	甜点
	【ヤン グァ ジャ】	양과자

15. アップルパイ

	【アプル パイ】	apple pie
	【タルト オ ポム】	tarte aux pommes
	【タルタ デ マンサナ】	tarta de manzana
	【ピン グオ パイ】	苹果派
	【エプル パイ】	애플파이

16. 精肉 せいにく

	【ドレスト ミート】	dressed meat
	【ヴィアンド】	viande
	【カルネ】	carne
	【ロウ レイ】	肉类
	【サル コギ】	살코기

17. 鮮魚 せんぎょ

	【フレッシ フィッシュ】	fresh fish
	【ポワソン フレ】	poisson frais
	【ペスカド フレスコ】	pescado fresco
	【シエン ユー】	鲜鱼
	【セン ソン】	생선

18. すし

	【スシ】	sushi
	【スシ】	sushi
	【スシ】	sushi
	【ショウ スー】	寿司
	【スシ】	스시

19. 婦人服 ふじんふく

	【ウィミンズウェア】	womenswear
	【ヴェトマン プール ファム】	vêtements pour femme
	【ロパ デ ムヘル】	ropa de mujer
	【ニュー ジュアン】	女装
	【スン ニョ ボク】	숙녀복

20. 紳士服 しんしふく

	【メンズウェア】	menswear
	【ヴェトマン プール オム】	vêtements pour homme
	【ロパ デ オンブレ】	ropa de hombre
	【ナン ジュアン】	男装
	【シン サ ボク】	신사복

21. 子ども服 こどもふく

	【チルドゥレンズ ウェア】	children's wear
	【ヴェトマン プール アンファン】	vêtements pour enfant
	【ロパ パラ ニーニョス】	ropa para niños
	【トン ジュアン】	童装
	【ア ドン ボク】	아동복

22. 惣菜 そうざい

	【デイリィ ディッシュ】	daily dish
	【プラ ダコンパニュマン】	plat d'accompagnement
	【グアルニスィオン】	guarnición
	【ツァイ ヤオ】	菜肴
	【パン チャン】	반찬

23. エレベーター

	【エレヴェイタァ】	elevator
	【アサンスール】	ascenseur
	【アセンソル】	ascensor
	【ディエン ティー】	电梯
	【エル リ ベイト】	엘리베이터

24. エスカレーター

	【エスカレイタァ】	escalator
	【エスカラトール】	escalator
	【エスカレラ メカニカ】	escalera mecánica
	【ズー ドン フー ティー】	自动扶梯
	【エス コル レイト】	에스컬레이터

6 レストラン

6 コック

1 オムレツ

16 そば

17 うどん

18 天ぷら

12 スパゲティ

2 ハンバーグ

24 とんかつ

4 カレーライス

21 ウェイター

8 メニュー

13 スープ

7 テーブル

3 ステーキ

5 グラタン

14 シチュー

11 焼きそば

15 焼肉

20 紅茶

23 ココア

10 ラーメン

9 チャーハン

22 お子様ランチ

19 おみやげ

29

1. オムレツ

 【オムレト】
omelette

 【オムレート】
omelette

 【オメレッツ】
omelette

 【ファー シー ジエン ダン ジュエン】
法式煎蛋巻

 【オ ムル レッ】
오믈렛

2. ハンバーグ

 【ハンバーガァ ステイク】
hamburger steak

【ステーク アーシェ】
steak haché

【フィレテ デ アンブルゲサ】
filete de hamburguesa

【ハン バオ ロウ ビン】
汉堡肉饼

【ヘム ボグ ステイク】
햄버그스테이크

3. ステーキ

 【ステイク】
steak

 【ステーク】
steak

 【ビステク】
bistec

 【ニウ パイ】
牛排

【ステイク】
스테이크

4. カレーライス

 【カリィ アンド ライス】
curry and rice

 【キュリー ドゥ リ】
curry de riz

 【クリィ イ アロス】
curry y arroz

 【ガー リー ファン】
咖喱饭

 【カレ ライス】
카레라이스

5. グラタン

 【グラトゥン】
gratin

 【グラタン】
gratin

 【グラティナド】
gratinado

 【ナイ ジー カオ ツァイ】
奶汁烤菜

 【グラ テン】
그라탱

6. コック

【クック】
cook

 【キュイジィニエー】
cuisinier

 【コスィネロ】
cocinero

 【チュー シー】
厨师

【ヨ リ サ】
요리사

7. テーブル

 【テイブル】
table

 【ターブル】
table

 【メサ】
mesa

 【ツァン ジュオ】
餐桌

 【テイ ブル】
테이블

8. メニュー

 【メニュー】
menu

 【ムニュー】
menu

 【メヌ】
menú

 【ツァイ ダン】
菜单

 【メ ニュー】
메뉴

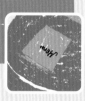

9. チャーハン

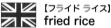 【フライド ライス】
fried rice

 【リ カントネ】
riz cantonais

 【アロス フリト】
arroz frito

 【チャオ ファン】
炒饭

 【ポック クム バプ】
볶음밥

10. ラーメン

 【ラーマン】
ramen

 【ラーメン】
ramen

 【ラメン】
ramen

【ラー ミエン】
拉面

【ラ ミョン】
라면

11. 焼きそば

 【フライド ソウバ】
fried soba

 【ヌイ フリッツ】
nouilles frites

 【フィデオス フリトス】
fideos fritos

【チャオ ミエン】
炒面

 【ポック クム ミョン】
볶음면

12. スパゲティ

 【スパゲティ】
spaghetti

【スパゲッティ】
spaghetti

【エスパゲティ】
espagueti

 【イー ダー リー ミエン】
意大利面

 【ス パゲティ】
스파게티

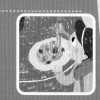

13. スープ

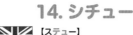

🇬🇧	【スープ】	soup
🇫🇷	【スープ】	soupe
🇪🇸	【ソパ】	sopa
🇨🇳	【タン】	汤
🇰🇷	【スプ】	수프

14. シチュー

🇬🇧	【ステュー】	stew
🇫🇷	【ラグー】	ragoût
🇪🇸	【ギサド】	guisado
🇨🇳	【ウェイ ドゥン ツァイ】	煨炖菜
🇰🇷	【ストュ】	스튜

15. 焼肉

🇬🇧	【ヤキニク】	yakiniku
🇫🇷	【バルベキュー コレアン】	barbecue coréen
🇪🇸	【カルネ ア ラ パリィヤ】	carne a la parrilla
🇨🇳	【カオ ロウ】	烤肉
🇰🇷	【ヤキニク】	야키니쿠

16. そば

🇬🇧	【ソウバ】	soba
🇫🇷	【ヌイ ドゥ サラザン】	nouilles de sarrasin
🇪🇸	【フィデオス ソバ】	fideos soba
🇨🇳	【チャオ マイ ミエン】	荞麦面
🇰🇷	【メ ミル グク ス】	메밀국수

17. うどん

🇬🇧	【ウドン】	udon
🇫🇷	【ウドン】	udon
🇪🇸	【ウドン】	udon
🇨🇳	【ウードン ミエン】	乌冬面
🇰🇷	【ウドン】	우동

18. 天ぷら

🇬🇧	【テンプラ】	tempura
🇫🇷	【テンプラ】	tempura
🇪🇸	【テンプラ】	tempura
🇨🇳	【ティエン フー ルオ】	天妇罗
🇰🇷	【ティ ギム】	튀김

19. おみやげ

🇬🇧	【ギフト】	gift
🇫🇷	【プラ ア アンポルテ】	plat à emporter
🇪🇸	【レガロ】	regalo
🇨🇳	【ダー バオ】	打包
🇰🇷	【ソン ムル】	선물

20. 紅茶

🇬🇧	【ブラック ティー】	black tea
🇫🇷	【テ】	thé
🇪🇸	【テ ネグロ】	té negro
🇨🇳	【ホン チャー】	红茶
🇰🇷	【ホン チャ】	홍차

21. ウェイター

🇬🇧	【ウェイタァ】	waiter
🇫🇷	【セルヴェール】	serveur
🇪🇸	【カマレロ】	camarero
🇨🇳	【フー ウー ユエン】	服务员
🇰🇷	【ウェイト】	웨이터

22. お子様ランチ

🇬🇧	【キッズ ランチ】	kid's lunch
🇫🇷	【ムニュ アンファン】	menu enfant
🇪🇸	【アルムエルソ パラ ニィョス】	almuerzo para niños
🇨🇳	【アルトン タオ ツァン】	儿童套餐
🇰🇷	【オ リ ニ ロン チ】	어린이 런치

23. ココア

🇬🇧	【ホット チョコレト】	hot chocolate
🇫🇷	【ショコラ ショー】	chocolat chaud
🇪🇸	【チョコラテ カリエンテ】	chocolate caliente
🇨🇳	【ロー コー コー】	热可可
🇰🇷	【ハッ チョコ】	핫초코

24. とんかつ

🇬🇧	【トンカツ】	tonkatsu
🇫🇷	【ポール パネ】	porc pané
🇪🇸	【セルド レボサド】	cerdo rebozado
🇨🇳	【ジャー ジュー パイ】	炸猪排
🇰🇷	【トン カス】	돈가스

みやげもの店

おみやげ

3 のれん

24 漆器

22 鉄瓶

16 タンブラー

10 箸

12 日本酒

1 うちわ

6 浴衣

13 抹茶チョコ

15 こま

18 使いすてカイロ

4 法被

19 ラップ

9 折り紙

14 けん玉

17 ちょうちん

おみやげ

8 和傘（わがさ）

23 版画（はんが）　¥500000

5 ぞうり

20 凧（たこ）

11 Ｔシャツ（ティー）

7 ふろしき

2 手ぬぐい

21 キーホルダー

33

みやげもの店

1. うちわ

- 【ラウンド ファン】 round fan
- 【エヴァンターユ】 éventail
- 【アバニコ】 abanico
- 【シャン ズー】 扇子
- 【プ チェ】 부채

2. 手ぬぐい

- 【ジャパニーズ タウエル】 Japanese towel
- 【セルヴィエット ジャポネーズ アン コットン】 serviette japonaise en cotton
- 【トアヤ】 toalla
- 【リー シー ショウ ジン】 日式手巾
- 【イル ボン ス ゴン】 일본 수건

3. のれん

- 【ショップ カートゥン】 shop curtain
- 【リドー ジャポネ】 rideaux japonais
- 【ノレン】 noren
- 【メン リエン】 门帘
- 【ポ リョム】 포렴

4. 法被

- 【ハッピ コウト】 happi coat
- 【マントー アピ】 manteau Happi
- 【アブリゴ ハッピ】 abrigo Happi
- 【リー ベン ドワン グワ】 日本短褂
- 【ハ ピ コトゥ】 하피코트

5. ぞうり

- 【ジャパニーズ サンドゥルズ】 Japanese sandals
- 【サンダル アン パーユ ドゥ リ】 sandales en paille de riz
- 【サンダリアス ハポネサス】 sandalias japonesas
- 【リー ベン トゥオ シエ】 日本拖鞋
- 【イル ボン センドゥル】 일본 샌들

6. 浴衣

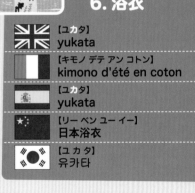

- 【ユカタ】 yukata
- 【キモノ デテ アン コトン】 kimono d'été en coton
- 【ユカタ】 yukata
- 【リー ベン ユー イー】 日本浴衣
- 【ユ カタ】 유카타

7. ふろしき

- 【ジャパニーズ ラピング クロース】 Japanese wrapping cloth
- 【フロシキ】 furoshiki
- 【フロシキ】 furoshiki
- 【バオ フー ジン】 包袱巾
- 【ポ ジャ ギ】 보자기

8. 和傘

- 【ジャパニーズ アンブレラ】 Japanese umbrella
- 【パラプリュイ ジャポネ トラディスィオネル】 parapluie japonais traditionnel
- 【パラグアス ハポネス】 paraguas japonés
- 【リー ベン サン】 日本傘
- 【ウ サン】 우산

9. 折り紙

- 【オリガーミ】 origami
- 【オリガミ】 origami
- 【パピロフレクスィア】 papiroflexia
- 【ジョー ジー】 折纸
- 【チョン イ ジョプ キ】 종이접기

10. 箸

- 【チョプスティクス】 chopsticks
- 【バゲート】 baguettes
- 【パリヨス】 palillos
- 【クワイ ズー】 筷子
- 【チョッ カ ラク】 젓가락

11. Tシャツ

- 【ティー シャート】 T-shirt
- 【ティー シャルト】 T-shirt
- 【カミセタ】 camiseta
- 【ティー シュー シャン】 T恤衫
- 【ティ ショ チュ】 티셔츠

12. 日本酒

- 【サキ】 sake
- 【サケ】 saké
- 【サケ】 sake
- 【チン ジウ】 清酒
- 【サ ケ】 사케

13. 抹茶チョコ

- 【マッチャ チョコレト】 matcha chocolate
- 【ショコラ オ マッチャ】 chocolat au matcha
- 【チョコラテ マッチャ】 chocolate matcha
- 【モー チャー チアオ コー リー】 抹茶巧克力
- 【マルチャ チョ コルリッ】 말차 초콜릿

14. けん玉

- 【カップ アンド ボール】 cup and ball
- 【ビルボケ】 bilboquet
- 【ケンダマ】 kendama
- 【ジエン ユー】 剑玉
- 【チュク パン ウル】 죽방울

15. こま

- 【スピニング トップ】 spinning top
- 【トゥピー】 toupie
- 【トゥロンボ】 trompo
- 【トゥオ ルオ】 陀螺
- 【ペン イ】 팽이

16. タンブラー

- 【タンブラァ】 tumbler
- 【ゴブレ】 gobelet
- 【バソ】 vaso
- 【ピン ディー ボー リー ベイ】 平底玻璃杯
- 【トム ブル ロ】 텀블러

17. ちょうちん

- 【ランタァン】 lantern
- 【ロンピョン】 lampion
- 【ファロル チノ】 farol chino
- 【ドン ロン】 灯笼
- 【トゥン ロン】 등롱

18. 使いすてカイロ

- 【ディスポウザブル ボディ ウォーマァ】 disposable body warmer
- 【ショフレット ジュタープル】 chaufferettes jetables
- 【カレンタドル デ クエルポ デセチャブレ】 calentador de cuerpo desechable
- 【イー ツー シン バオ ヌワン ティエ】 一次性保暖贴
- 【イルフェ ヨン ハッペク】 일회용 핫팩

19. ラップ

- 【プラスティク ラップ】 plastic wrap
- 【フィルム プラスティーク】 film plastique
- 【パペル フィルム】 papel film
- 【バオ シエン モー】 保鲜膜
- 【レプ】 랩

20. 凧

- 【カイト】 kite
- 【セール ヴォラン】 cerf-volant
- 【コメタ】 cometa
- 【フォン ジョン】 风筝
- 【ヨン】 연

21. キーホルダー

- 【キー リング】 key ring
- 【ポルト クレ】 porte-clé
- 【ヤベロ】 llavero
- 【ヤオ シー コウ】 钥匙扣
- 【キ ホルド】 키홀더

22. 鉄瓶

- 【アイアン ケトゥル】 iron kettle
- 【ブーユワール アン フォント】 bouilloire en fonte
- 【エルビドル デ イエロ】 hervidor de hierro
- 【ション ティエ フー】 生铁壶
- 【スェ ジュ ジョン ジャ】 쇠 주전자

23. 版画

- 【ブロック プリント】 block print
- 【エスタンプ】 estampe
- 【グラバド】 grabado
- 【バン ホワ】 版画
- 【バン ファ】 판화

24. 漆器

- 【ラカ ウェア】 lacquer ware
- 【ラーク ジャポネーズ】 laque japonaise
- 【ラカ】 laca
- 【チー チー】 漆器
- 【チル ギ】 칠기

35

お店で使うことば

1. ごめんください

- 【イクスキューズ ミー】 Excuse me.
- 【エクスキュゼ モア】 Excusez-moi.
- 【ペルミソ】 Permiso.
- 【ドゥイ ブー チー】 对不起。
- 【シルレ ハム ニダ】 실례합니다 .

2. いらっしゃい

- 【ウェルカム】 Welcome.
- 【ボンジュール、ビヤンブニュ】 Bonjour, bienveue.
- 【アデランテ】 Adelante.
- 【ホワン イン グアン リン】 欢迎光临。
- 【オ ソ オ セ ヨ】 어서 오세요 .

3. いただきます

- 【レッツ イート】 Let's eat!
- 【ボナペティ】 Bon appétit.
- 【ボイ ア コメル】 Voy a comer.
- 【ウオ ヤオ チー ロー】 我要吃了。
- 【チャル モク ケッ スム ニ ダ】 잘 먹겠습니다 .

4. ごちそうさま

- 【サンキュー フォー ザ ミール】 Thank you for the meal.
- 【セ テ トレ ボン】 C'était très bon.
- 【エスタバ ムイ ブエノ】 Estaba muy Bueno.
- 【チー バオ ロー】 吃饱了。
- 【チャル モ ゴッ スムニダ】 잘 먹었습니다 .

5. ありがとう

- 【サンキュー】 Thank you.
- 【メルシー】 Merci.
- 【グラスィアス】 Gracias.
- 【シエ シエ】 谢谢。
- 【コ マ ウォ ヨ】 고마워요 .

6. いくら？

- 【ハウ マッチ】 How much?
- 【コンビアン サ クウト】 Combien ça coûte?
- 【クアント エス】 ¿Cuánto es?
- 【ドゥオ シャオ チエン】 多少钱?
- 【オル マ イェ ヨ】 얼마예요 ?

7. いくつ？

- 【ハウ メニィ】 How many?
- 【コンビアン】 Combien?
- 【クアントス アニォス】 ¿Cuántos años?
- 【ジー ゴー】 几个?
- 【ミョッ ケ】 몇 개 ?

8. バーゲン

- 【バーゲン】 bargain
- 【ソルド】 soldes
- 【オフェルタス】 ofertas
- 【リエン ジア チュー ショウ】 廉价出售
- 【バ ゲン セイル】 바겐세일

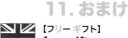

9. 売り切れ

- 【ソウルド アウト】 sold out
- 【エピュイゼ】 épuisé
- 【アゴタド】 agotado
- 【マイ ワン ロー】 卖完了
- 【ブム ジョル】 품절

10. おつり

- 【チェインジ】 change
- 【モネ】 monnaie
- 【ブエルト】 vuelto
- 【ジャオ チエン】 找钱
- 【コス ルム ドン】 거스름돈

11. おまけ

- 【フリー ギフト】 free gift
- 【カドー】 cadeau
- 【エクストゥラ】 extra
- 【ダー ジョー】 打折
- 【トム】 덤

12. 行列

- 【キュー】 queue
- 【クー】 queue
- 【コラ】 cola
- 【パイ ドゥイ】 排队
- 【テ ギ ヘン ニョル】 대기행렬

13. 財布（さいふ）

【ウォレト】
wallet

【ポルトゥフーユ】
portefeuille

【カルテラ】
cartera

【チエン バオ】
钱包

【チ ガブ】
지갑

14. お金

【マニィ】
money

【アルジャン】
argent

【ディネロ】
dinero

【チエン】
钱

【トン】
돈

15. 現金（げんきん）

【キャッシ】
cash

【アルジャン リキッド】
argent liquide

【ディネロ エン エフェクティボ】
dinero en efectivo

【シエン ジン】
现金

【ヒョン グム】
현금

16. お札（さつ）

【ビル】
bill

【ビエ】
billet

【ビリェテ】
billete

【ジー ビー】
纸币

【チ ペ】
지폐

17. 小銭（こぜに）

【スモール チェインジ】
small change

【プティット モネ】
petite monnaie

【センスィヨ】
sencillo

【リン チエン】
零钱

【チャン ドン】
잔돈

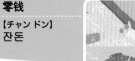

18. おいしい

【デリシャス】
delicious

【デリスィウー】
délicieux

【デリスィオソ】
delicioso

【ハオ チー】
好吃

【マ シッ タ】
맛있다

19. 高い（たか）

【イクスペンスィヴ】
expensive

【シェール】
cher

【カロ】
caro

【グイ】
贵

【ピッ サ ダ】
비싸다

20. 安い（やす）

【イニクスペンスィヴ】
inexpensive

【ボン マルシェ】
bon marché

【バラト】
barato

【ビエン イー】
便宜

【チョ リョ マ ダ】
저렴하다

21. 開店（かいてん）

【オウプン】
open

【ウヴェルデュール】
ouverture

【アブレ】
abre

【カイ メン】
开门

【ケ ジョム】
개점

22. 閉店（へいてん）

【クロウズド】
closed

【フェルムテュール】
fermeture

【スィエラ】
cierra

【グワン メン】
关门

【ペ ジョム】
폐점

23. 休業日（きゅうぎょうび）

【クロウズド トゥデイ】
closed today

【フェルメ】
fermé

【デスカンソス】
descansos

【シウ シー リー】
休息日

【ヒュ オ ビル】
휴업일

定休日

24. クレジットカード

【クレディト カード】
credit card

【キャルト バンケール】
carte bancaire

【タルヘタ デ クレディト】
tarjeta de crédito

【シン ヨン カー】
信用卡

【シ ニョン カ ドゥ】
신용카드

さくいん

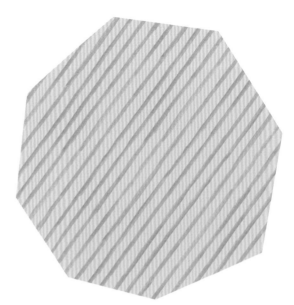
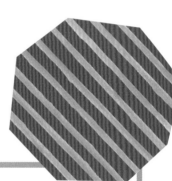
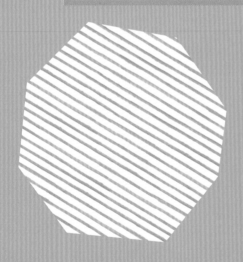

● 監修
英語　SAMUEL ZHANG
フランス語　IIDA TOMONO
スペイン語　森野カロリナ
中国語　許銀珠・SAMUEL ZHANG
韓国語　許銀珠

● 構成
こどもの語学編集室
グループ・コロンブス

● 翻訳
有限会社ルーベック・野田みちる

● イラスト
マット和子

● 装丁・デザイン
千野　愛

5か国語でおもてなし
【買い物・食べ物編】

発行者　内田克幸
編　集　池田菜採　吉田明彦
発行所　株式会社理論社
　　　　〒101-0062　東京都千代田区神田駿河台2-5
　　　　電話　営業 03-6264-8890　編集 03-6264-8891
　　　　URL　https://www.rironsha.com

2020年7月初版
2020年7月第1刷発行

印刷・製本　図書印刷株式会社　上製加工本

©2020 Rironsha　Printed in Japan
ISBN 978-4-652-20375-0　NDC800 A4変型 30cm 39p

「家族」や「体の部分」を表すことば

わたし（は）

🇬🇧	【アイ】 I
🇫🇷	【ジュ】 je
🇪🇸	【ヨ】 yo
🇨🇳	【ウオ】 我
🇰🇷	【ナ／チョ】 나／저

父

🇬🇧	【ファーザァ】 father
🇫🇷	【ペール】 père
🇪🇸	【パドゥレ】 padre
🇨🇳	【フーチン】 父亲
🇰🇷	【アボジ】 아버지

母

🇬🇧	【マザァ】 mother
🇫🇷	【メール】 mère
🇪🇸	【マドゥレ】 madre
🇨🇳	【ムーチン】 母亲
🇰🇷	【オモニ】 어머니

兄・弟

🇬🇧	【ブラザァ】 brother
🇫🇷	【フレール】 frère
🇪🇸	【エルマノ】 hermano
🇨🇳	【ゴーゴー ディーディー】 哥哥（兄）弟弟（弟）
🇰🇷	【ヒョン／オッパ（兄）ナムドンセン（弟）】 형／오빠（兄）남동생（弟）

姉・妹

🇬🇧	【スィスタァ】 sister
🇫🇷	【スール】 sœur
🇪🇸	【エルマナ】 hermana
🇨🇳	【ジエジエ メイメイ】 姐姐（姉）妹妹（妹）
🇰🇷	【ヌナ／オンニ（姉）ヨドンセン（妹）】 누나／언니（姉）여동생（妹）

友達

🇬🇧	【フレンド】 friend
🇫🇷	【アミ／アミ】 ami（男性）amie（女性）
🇪🇸	【アミゴ／アミガ】 amigo（男性）amiga（女性）
🇨🇳	【ポンヨウ】 朋友
🇰🇷	【チング】 친구

耳

🇬🇧	【イア】 ear
🇫🇷	【オレーユ】 oreille
🇪🇸	【オレハ】 oreja
🇨🇳	【アル】 耳
🇰🇷	【クィ】 귀

目

🇬🇧	【アイ】 eye
🇫🇷	【ウーユ】 œil
🇪🇸	【オホ】 ojo
🇨🇳	【イエン】 眼
🇰🇷	【ヌン】 눈

顔

🇬🇧	【フェイス】 face
🇫🇷	【ヴィザージュ】 visage
🇪🇸	【カラ】 cara
🇨🇳	【リエン】 脸
🇰🇷	【オルグル】 얼굴

手（手首から先）

🇬🇧	【ハンド】 hand
🇫🇷	【マン】 main
🇪🇸	【マノ】 mano
🇨🇳	【ショウ】 手
🇰🇷	【ソン】 손

頭

🇬🇧	【ヘッド】 head
🇫🇷	【テートゥ】 tête
🇪🇸	【カベッサ】 cabeza
🇨🇳	【トウ】 头
🇰🇷	【モリ】 머리

足（足首から上）

🇬🇧	【レッグ】 leg
🇫🇷	【ジャンブ】 jambe
🇪🇸	【ピエルナ】 pierna
🇨🇳	【トゥイ】 腿
🇰🇷	【タリ】 다리

口

🇬🇧	【マウス】 mouth
🇫🇷	【ブーシュ】 bouche
🇪🇸	【ボカ】 boca
🇨🇳	【コウ】 口
🇰🇷	【イプ】 입

鼻

🇬🇧	【ノウズ】 nose
🇫🇷	【ネ】 nez
🇪🇸	【ナリス】 nariz
🇨🇳	【ビー】 鼻
🇰🇷	【コ】 코

肩

🇬🇧	【ショウルダァ】 shoulder
🇫🇷	【エポール】 épaule
🇪🇸	【オンブロ】 hombro
🇨🇳	【ジエン】 肩
🇰🇷	【オケ】 어깨

歯

🇬🇧	【ティース】 teeth
🇫🇷	【ダン】 dents
🇪🇸	【ディエンテス】 dientes
🇨🇳	【ヤー】 牙
🇰🇷	【イ】 이

「季節」や「時間」を表すことば

春
- 【スプリング】 spring
- 【プランタン】 printemps
- 【プリマベラ】 primavera
- 【チュン ティエン】 春天
- 【ポム】 봄

夏
- 【サマァ】 summer
- 【エテ】 été
- 【ヴェラノ】 verano
- 【シア ティエン】 夏天
- 【ヨ ルム】 여름

秋
- 【オータム / フォール】 autumn / fall
- 【オトーヌ】 automne
- 【オトニョ】 otoño
- 【チウ ティエン】 秋天
- 【カ ウル】 가을

冬
- 【ウィンタァ】 winter
- 【イヴェール】 hiver
- 【インビエルノ】 invierno
- 【ドン ティエン】 冬天
- 【キョ ウル】 겨울

1月
- 【ジャニュエリィ】 January
- 【ジャンヴィエ】 janvier
- 【エネロ】 enero
- 【イー ユエ】 一月
- 【イ ロォル】 일월

2月
- 【フェブルエリィ】 February
- 【フェヴリエ】 février
- 【フェブレロ】 febrero
- 【アル ユエ】 二月
- 【イ ウォル】 이월

3月
- 【マーチ】 March
- 【マルス】 mars
- 【マルソ】 marzo
- 【サン ユエ】 三月
- 【サ ムォル】 삼월

4月
- 【エイプリル】 April
- 【アヴリル】 avril
- 【アブリル】 abril
- 【スー ユエ】 四月
- 【サ ウォル】 사월

5月
- 【メイ】 May
- 【メ】 mai
- 【マヨ】 mayo
- 【ウー ユエ】 五月
- 【オ ウォル】 오월

6月
- 【ジューン】 June
- 【ジュアン】 juin
- 【フニオ】 junio
- 【リウ ユエ】 六月
- 【ユ ウォル】 유월

7月
- 【ジュライ】 July
- 【ジュイエ】 juillet
- 【フリオ】 julio
- 【チー ユエ】 七月
- 【チ ロォル】 칠월

8月
- 【オーガスト】 August
- 【オート】 août
- 【アゴスト】 agosto
- 【バー ユエ】 八月
- 【パ ロォル】 팔월

9月
- 【セプテンバァ】 September
- 【セプタンブル】 septembre
- 【セプティエンブレ】 septiembre
- 【ジウ ユエ】 九月
- 【ク ウォル】 구월

10月
- 【オクトゥバァ】 October
- 【オクトーブル】 octobre
- 【オクトゥブレ】 octubre
- 【シー ユエ】 十月
- 【シ ウォル】 시월

11月
- 【ノウヴェンバァ】 November
- 【ノーヴァンブル】 novembre
- 【ノビエンブレ】 noviembre
- 【シー イー ユエ】 十一月
- 【シビ ロォル】 십일월

12月
- 【ディセンバァ】 December
- 【デッサンブル】 décembre
- 【ディスィエンブレ】 diciembre
- 【シー アル ユエ】 十二月
- 【シ ビ ウォル】 십이월